José Carlos Turrado de la Fuente

CABALLITO DE COÍN

Ápeiron Ediciones

2024

José Carlos Turrado de la Fuente

CABALLITO DE COÍN

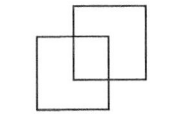

MÁSCARAS

1.ª edición, 2024

© Del texto, José Carlos Turrado de la Fuente

© Ápeiron Ediciones

C/ Príncipe de Vergara, n.º 132, planta 9
28002 Madrid
Tfno.: (+34) 637 10 99 20
E-mail: info@apeironediciones.com
http://www.apeironediciones.com/

Diseño de portada y maquetación: Ápeiron Ediciones

Papel procedente de fuentes responsables

ISBN: 978-84-128198-5-4
Depósito legal: M-2286-2024

DRAMATIS PERSONAE

Caballito de Coín
Paco el Cordobés
Vagabundo
Esperanza, madre de Caballito
Trinidad
Candelaria, madre de Trini
Santiago el Negro
Turistas, chulos y chulapas, farsantes, majos, metecos,
amigos del Negro, pilluelos

PRIMER ACTO

El público termina de acomodarse en el teatro de la Zarzuela, gran expectación. De bote en bote. La muchedumbre sitió las Cortes y llega hasta el callizo del Turco. Cientos de pobres se han quedado fuera. Mentideros espontáneos e histéricos que improvisan variaciones de las arias entre impetraciones y desmayos. Autoridades agiotistas en sus alcándaras, inveterada fauna de papel couché, galas decimonónicas hibridadas con progresía de sport, petulante cháchara de platea, binoculares, móviles, un hato de añejos gamberros ateneístas abuchean una elegante demora. Hácese la oscuridad. Nerviosismo, calor, tos. Brevísima afinación orquestal. Por fin comienza el gigantesco remedo fallesco, recuperacionista simbolismo musical que por tres veces recae en el ternezuelo leitmotiv, tan inmortal al piano agitanado, del Caballito de Coín. Pelos como escarpias de los asistentes. Con los achiperres en vaporoso adagietto álzase el telón y en coro aún anónimo los actores a medio disfrazar interpretan la "Habanera del Manzanares".

Coro

Grande el Sena de París
reflejó parvos candiles,
y sus aguas perfumadas
amansan absentas tristes;

el Tíber fluye furioso
por el siglo inmarcesible,
bajo la Torre de Londres,
anchuroso, cuervo y cisne,
esquifes y paquebotes
el Támesis surcan grises;
mientras fados lisboetas
se beben el Tajo a mares,
¿cómo en villa madrileña
es tan grande el Manzanares?
Al Arno que Pisa parte
se asoman garzas doncellas,
cuellos esbeltos y bustos
de modelos de Florencia,
mientras el vals despacioso
viste un Danubio de Viena,
dilatorio llega a Buda,
desde Pest las balconeras
se abren, retratos dorados,
de bronce estatuas y estrellas
al óleo pintan ocasos,
trazan tejados de sangre,
¿cómo en la corte española
es tan grande el Manzanares?
(*Solo femenino*)
Laura se baña en el Ródano,
por sus riberas es verso,
en la Roma de ultramar
el Hudson, rejón de hielo,

refleja la faz de María
cuando Tony yace yerto;
melancolía del Nilo
por el sequizo desierto,
castas de amores prohibidos
por el Jordán al mar Muerto,
¿cuánto el amor de mujer
no ha medrado en este valle?,
en la villa madrileña
vive inmenso el Manzanares.
(*Coro*)
Manzanares de Galdós,
Manzanares de Cervantes,
frutales sonetos en flor
en voz de locos tunantes,
río de Jardiel y Chapí,
tinta de Goya y Velázquez,
agua que dio de beber
desde a Góngora hasta a Valle,
garganta blanca por fuera,
negra en riñones e ijares,
bellos palacios vacíos
se abarrancan en tu cauce,
¿cómo al pasar por Madrid
es tan grande el Manzanares?
(*Solo masculino*)
El Ganges de Benarés
arde helado y venerable,
ardentía a pie del Po

incendió pechos amantes,
es de plata a lo porteño,
en Flandes es de diamante,
a veces vil europeo
y en las Indias buen salvaje,
galante en pequeñas olas,
inocente allá do nace,
se diría un solo río
desde Venus hasta Marte,
¿no es enorme acá en Madrid
nuestro humilde Manzanares?
(*Coro*)
Surcan barcos fantasías
de borrascas inventadas,
conquistas trascendentales
con cuatro juncos y pajas,
dragones de medio metro
y batallas con piratas,
ratas, cometas errantes,
dama al balcón, cucarachas,
guardan cándidos amores
coimas vulgares, borrachas,
desde Aravaca a Orcasur
mana un raudal de cantares,
¿no es coloso por Madrid
el arroyo Manzanares?

Baja el telón. Entre escena y escena jamás se apaga del todo la música. Cuando vuelva a izarse será en los aledaños de la plaza de Las Ventas. Dujo trasegoso de turistas, disfraces, castizos, gerifaltes y chamergos; tarde de feria de San Isidro, tarde de puro, pureta y leyenda. Tardan en significarse Caballito de Coín *y* Paco el Cordobés *a tranco de pasodoble. Solazo, alegría, donaire. Clavelinos reventones en el ojal.* Caballito *es ruinajo de atiplado cuerpo y granujiento de rostro extraño, chaval de veintilargos años, tez nívea y crin morena, disfrazado con traje cordobés, tocado, fajín colorado, torerita de capea. Hablará un descastado dialecto sureño de seseos arbitrarios.* Paco, *de su misma edad, es algo más alto y robusto, ancho rostro, andaluz legítimo, abstrusamente disfrazado de chulapo, tirantes, parpusa, safo, calcos y gabriel. Suda profusamente. No lejos hay un mendigo,* vagabundo *sin edad ni patria, expulsado a la acera al consuelo de un sombrajo, que pide con risa alcohólica y desamueblada.*

Paco

¿Qué tal la faena, Caballín?

Caballito

Na', ni pa' pipas, ¿y tú?

Paco

¡Bah!, media entrada. Es que no vas *preparao.*

11

Caballito

¡Que sí, hombre, que sí! A estos guiris les da igual, y habrá
que hacer patria.

Paco

¡Je!, ¡qué bola, tronco!, si tú tienes de andaluz lo que yo de
Róber Réfor.

Caballito

¡Chist!, ¡canda! ¡Foto a un euro, foto a un euro!

Paco

Si tú eres más de Leganés que yo, que ya penabas *descortezao*
cuando llegué. ¿Qué crees?, ¿que no te tengo *ubicao*?

Vagabundo

(*Riendo el diálogo*) ¡Chavalotes!, ¿no tendréis un euro, que me
espera la carroza y me falta pa'l simonero?

Paco

Tome, conde de Chamartín. A su salud.

Vagabundo

¿Chamartín? ¡De Camelot! ¡Ja, ja!

Caballito

¡Foto a un euro, foto a un euro!

Paco

Un día me tienes que contar a qué viene eso de Caballito de Coín.

Caballito

¡Hóspera, que sí que soy de Coín, leñe! Y lo equino es legado familiar.

Paco

Ya, del cortijo, ¡nos ha *jodío*!

Caballito

¡Hospa, que sí soy de Coín! Me vine ya hace mil, de alevín, cierto, pero en Coín nací y en cuanto junte cuatro pavos allá me ves volando. Por éstas. Sólo faltan cuatro duros y convencer a la chambelana, que esto no es vida.

Paco

¡A la chambelana! ¡¿Qué chambelana?!

Caballito

¡Joder, que la Trini sí existe! ¡Serás *desaborío*! Yo no sé qué tienes contra mí…

Paco

¡Nos ha *jodío*! Que la última vez que soltaste una *verdá* te quemaron en la hoguera.

Pasa una división de valquirias cerca y Paco les apuya el eslogan, pulgares en formación en la bocamanga del coleto. Ríen el flirt, pero queda al aire la garrocha.

¡Por vida mía! ¡Ésa es carne de cocido! ¡Quién fuera papa frita pa' esos lomos! ¡Santa María, qué pinta la tuya, niña! Si ya lo decía Lutero y trina en tudesco. Una a una, por favor, que hay un Dios en el Cielo.

Caballito

En Coín, buen amigo, así por mayo, se recogen las naranjas y las niñas se prenden azahares en el pelo. (*Pártense Paco y vagabundo a la súbita cursilada*) ¿De qué te ríes, chamorrillo?

En Coín todas las niñas son guapas. Las calles parecen trajes de novia y la Serranía una diadema de flores.

Carcajadas in crescendo. Se les acerca un risueño matrimonio soriano, la parienta se saca el cromo con los jovenetos a sendos flancos y el señor les suelta la propina.

Paco

Ésa pa' ti, que te falta azúcar.

Caballito

Coín, a media tarde, suena a reguero y tarabilla en la rama, y bajan costanilla abajo las aromas del romero. Hay tascas en Coín que desayunan palmeros y castañuelas, y las majonas abren los balcones y tienden la colada blanca a la brisa de los geranios.

Paco *y el* vagabundo *ya casi se retuercen por el suelo, pero al* Caballito *no hay ya quien lo pare.*

De Coín hasta Antequera
golondrinas van volando,
de Coín hasta Antequera
van y vienen y cantando
los verdiales las princesas
saludan con paños blancos.

Llevan el pecho *encendío*
avecillas y doncellas,
llevan el pecho *encendío*
de clavel a torrentera,
y del cabello prendido
el brillar de las estrellas;

del brillar que son sus ojos,
sonríen bajo la luna,
del brillar que son sus ojos,
e iluminan las alturas
candelitas y sonrojos
en mejillas todo albura.

¡Quiero beber de tus fuentes!
¡Oh, Coín, patria querida!
¡Quiero beber de tus fuentes!
¡Oh, Coín! ¡Oh, tierra mía!
Cuando llegue a mí la muerte
será fresca despedida.

En el mármol yermo y frío
mi nombre pondré feliz,
en el mármol yermo y frío
luna clara y cielo añil
cantarán el nombre mío,
¡Caballito de Coín!

Se desternillan Paco y vagabundo *cuando el figurín pose en colofón. Aplauden sarcasmos, ¡bravo!, ¡bravo! Fina orquesta, fina escena. El dicharachero mendigo le tira un euro a los pies, exagera un higienizar los lacrimales.*

Vagabundo

Toma, clavelito de mi corazón, os lo devuelvo, que mientras sigas por aquí yo no me voy a ningún *lao*.

Baja telón, interludio instrumental. Cuando vuelva a alzarse será en una alcoba adolescente. Peluchín, póster, camita de noventa. Trinidad, arquetipo Disney al tocador, damisela prerrafaelita en camisola traslúcida, melancólica y ensimismada se repasa la lendrera por el luengo cairel de rubio y sol.

Trini

¿Y si nadie a mí viniere?
Tengo visto y escuchado
desde cuna tan cercana
que esta crin, sin una cana,
que este pelo delicado
conmovió al más acerado
corazón de cruel guerrero,
lo tomó por prisionero,
cabellos como barrotes,
delicuescentes garrotes,
urdieron su desespero.

Pero…¿y si nadie a mí viniere?
He observado en singladura
sucinta como la mía
que estas niñas melodía
son de miel, placer, locura,
mistela que gozo procura
al varón más aplomado,
dócil póstrase al llamado
de su brillo natural,
gema núbil, si metal
del platino más preciado.
Mas…¿si nadie a mí viniere?
El carey,
el argán,
limpiador,
solimán,
¿el desti-
no vendrá?,
¿qué he de hacer?,
¿esperar?
Me han jurado que ninguna
sonrisa a la mía iguala,
perlas vestidas de gala
reflejan nitor de luna;
mucho hablar desde tribuna,
friso ya los diecisiete
y las fichas no me mete
ni el mancebo más mediocre,
¿confundo alumbre con ocre?,

sin romanza, ¿soy sainete?,
¡Ay, si nadie a mí viniere!
Que estos pechos grandes, nuevos,
desafían la razón
del más tieso pantalón
me prometen los longevos,
¿por qué me ignoran efebos?,
que yo sé, tengo probado
que el pecho más que sobado
tienen ya mis compañeras,
y se mofan, "¿a qué esperas?",
a mis peras el recado.
¿Y si nadie a mí viniere?
Fina piel
de cristal,
dulce voz
cenital,
lista soy,
y cabal,
¿qué haré yo?,
¿qué hago mal?
¿Vestiré más descocada?
Me siento muy vulnerable,
incluso sucia y culpable,
aunque nunca enseñe nada,
¿te acuerdas de la escotada
blusilla de la verbena?,
toda una noche de pena
tras una esquina escondida,

por el pezón encendida
por la tensión, ¡qué condena!
¡Diecisiete! ¡Diecisiete!
¿Y si nadie a mí viniere?

Interludio, la famosa zarabanda de Caballito de Coín. *La nueva escena es parque al ribazo del Manzanares, a la altura de Matadero o por ahí. Repartidos en dos bancos cuatro amigotes conversan en anochecer bonancible, víspera de San Isidro. Rondan edad de levas, vivaz tertulia, uniforme posmoderno y patín esqueiforz. Uno de ellos, el* Negro, *destaca por jayán. El callado, el serio y capataz. Se lo intuye lejanamente mulato, y de ahí el motejo. Racanea presencia y fuma.*

Amigo 1

Negro, este año no faltarás, ¿no?

Negro

Nopi.

Amigo 1

El año pasado nos salió un pelo rana.

Amigo 2

Sip. Pa' que sea como el año *pasao* yo no subo a la Pradera.

Amigo 3

Polvo y muermo ya tengo yo bastante en casa.

Amigo 1

No, este año na' que ver, ya verás. Lo primero, este año vamos los cuatro de chulo, ¿qué os parece?

Amigo 2

(*Socarra*) ¡Chipén! A mí ya no me da vergüenza, y tiene que molar. Por lo menos tendrá la velada argumento, que si no… Para volver tarde sin un ochavo, mal comido y mal *emborrachao* no merece la pena.

Amigo 3

¿Os acordáis de cómo pasó de mí la tía loca ésa?

Amigo 2

¿La Reme? ¿La del aparato?

Amigo 3

Ésa, ésa. Joder, vaya papelón. Que digo yo que una cosa es un nones, y otra es insultar, ¿no? Que yo fui a por ella con respeto.

Amigo 2

Es que es muy tímida. No tiene farándula todavía, no se lo
tengas en cuenta.

Amigo 3

También yo soy tímido y, cuando insulto, bien que me par-
ten la jeta.

Amigo 1

Na', este año nada que ver, ya veréis, que los anteriores es que
éramos *entodavía* medio pollos. Este año es el nuestro.

Amigo 2

Dios te oiga.

Amigo 1

Este año la Pradera
será nuestra, compañeros.

Amigo 2

¡Naturaca! ¡Y hasta el Cielo!

Amigo 3

¡No se escapa la Manuela
de mi chotis envolvente
ni a bofetainas ni a dientes!
¡Por mis güitos, por mis muelas!

Amigo 1

Yo me tengo camelada
a la rusa de Tercero:
romance del limonero
le he vendido a la monada,
del hielo recién llegada,
cándida como alhelí:
le voy a enseñar Madrí,
una cuarta de cornada.

Amigo 2

¿A qué rusa? ¿A la ucraniana?

Amigo 1

A la Tania.

Amigo 2

¡Vaya jero!

Muy buen ojo, compañero,
apretao y redondito,
estrechito y tan durito...

Amigo 1

Sin que me enseñe extranjero
no se vuelve la chulapa.

Amigo 3

Pues yo a lo que se presente
no pienso poner remilgo,
¡ni por pienso!, ¡sin distingo!,
porque tilín me hacen todas;
¿habéis visto a las de Cuarto?,
¡madre mía!, ¡qué reparto!,
¡qué rapazas!, ¡qué manolas!,
a la Menchu por guapísima
y a la Macu por culona,
a la Paca por reguapa
y a la Claudi por tetona,
tengo dedos afilados
como puñal a esmeril,
y en Sevilla, en la de abril
aprendí mil artimañas,
que de volar faralaes
me dejé allí las entrañas.

Amigo 2

Vas más salido, compay,
que la punta de un paraguas.

Amigo 3

¡Natural! ¿A ver si no?
¿A qué vais, si no, vosotros?

Amigo 2

Pues es verdad, digo yo,
que hoy es mayo y somos mozos.

Amigo 1

Si la rusa no se aviene
yo prefiero de reserva
a Yolanda, ¡vaya cierva!,
más punzantes astas tiene
que novilla endemoniada.

Amigo 2

¿No es mayor? ¿No tiene novio?

Amigo 1

Lo tendrá, que por mí plin,
sale sola de parranda
y me mira la lïanta
con un hambre de calambre;
si lo tiene, será pipa,
echa a mares la gachí
retruécanos a este menda
que se la armaré tremenda,
¡velay si ando yo cobarde!

Amigo 3

Una chapa en la parpusa
voy a pinchar por trofeo,
que el Nadal por los Parises
contra mí va a quedar feo;
de tanto enseñar ombligo
a la Chunga reñiré,
y a Charito, un bomboncito
del loro yo le daré,
pa' que aprenda la rapaza
a chupar el pirulí,
que va con ojos golosos
que ni ninfa colibrí,
¡hale, dale que te dale,
meneando ese culín…!

Amigo 2

¿A qué Charo?

Amigo 3

¿Cuál va a ser?
A Charito, la de Usera.

Amigo 2

Eres un *degenerao*,
que no tiene la princesa
ni catorce años *contaos*,
que sólo es niña traviesa.

Amigo 3

Si no es presa, que no corra,
si es tan rorra, que no salga,
emperatriz que cabalga
en montería del zorro
arriesga a quedar en zorra,
y no hay dengue aquí que valga.

Amigo 1

Eso, que hay que aprovechar,
que llegan los dieciocho,

pa' vender el tocomocho
y catar del chocho mocho.
¿No sabes corta la vida?,
¿que es pispajo la movida?
Que luego ya están gastadas,
resabiadas y agotadas,
con más maldad, más bastardas
que avispas alborotadas,
y si vas a por novicias
caras salen las albricias,
raro no dar en el trullo
por *pringao* y por capullo.

Amigo 2

Pues también tenéis razón…

Amigo 3

¡Qué si no! ¡Que ya te digo!
Me voy a *jartar* a higos
desde aquí a mi cumpleaños
hasta dar en legendario:
no se escapa Mariantoña,
mi vecina, ni de coña…

Amigo 2

¡Pero si es una señora!

Amigo 3

Y la Felisa, tan cuca…

Amigo 1

¡Pero si es plana y feúca…!

Amigo 3

Y Victoria, ¡qué pitones!

Amigo 2

Ambicioso te nos pones,
que ésa se tiene modelo
y te va a decir que nones.

Amigo 3

Ya veremos, ya veremos…
Y Fuensanta tiene mecha…

Amigo 1

Si no fuera tan estrecha…

Amigo 3

Y no descartéis a Ana…

Amigo 2

¡Pero si Ana es más lesbiana,
marimacho y pelo en pecho…
que ya igual ni berberecho…!

Amigo 3

Por la boca muere el pez…

Amigo 2

Me creo yo que esta vez…

Amigo 3

¿Y tú qué?

Amigo 2

¿Yo? ¿Qué de qué?

Amigo 3

¿No tienes echado el ojo

a alguna este San Isidro?
Como siempre, más peligro
tienes…negociante…
que tú matas más callando
que nosotros arrasando.

Amigo 2

¡Vive Dios!, que os olvidáis
la mejorcita de largo,
la flor y nata, ¡caray!,
de Madrid hasta el Cipango,
igual da, no os preocupéis,
que de ésa yo me encargo,
de la Trini…

Codazo y tos de ambos amigos, chistan y se despistan; la orquesta cesa de repente, los instrumentos derrapan, una trompeta tardona barrita el estampanazo. El Negro, hasta ese momento taciturno y ausente, crispa el ceño y murmura con vozarra diáfana y calmada baritonía, hasta amistosa.

Negro

Ni la nombres, como la mires siquiera te mato, te arranco la cabeza, no hay España para que salgas corriendo.

Amigo 2

Bueno, hombre…

Negro

Ni bueno ni pollas.

Concluye la escena en incómodo silencio. La siguiente es interior, cocina de pisito sureño, mueble de fogón antediluviano, horno ceniciento y azulejado de blanco mugre. Bucarillo con clavel, follaje, anémona y perejil. Palillero, toro de Osborne y San Pancracio con rosario fosforito enrollado en la peana. En la mesilla hace punto Esperanza *en bata felposa y camisón trasudado del Atleti. Ha hecho un hueco entre los telares a un platillo con bocata de chorizo y queso. Gafas de culo de vaso, siesta eviterna, minutero sonoro. Entra* Caballito, *saluda moroso, llena un vaso de agua, sombrero a una palmeta de la silla, y se sienta desplomado junto a la buena señora. En casa no tiene querencia andaluza.*

Caballito

Hola, madre.

Esperanza

¿Cómo ha ido el día, cariño?

Caballito

Mal, mu' *cansao*, y total…

Saca una bolsita del bolsillo de la torera y la desparrama sobre el hule. Esperanza cuenta el botín.

¿Cuánto sale?

Esperanza

Diecisiete.

Caballito

Lo dicho.

Esperanza

¿Vendrás mañana a cenar?

Caballito

No creo, que me parece que me iré con la Trini directamente a la Pradera de San Isidro.

Esperanza

Oye, Caballito, esa Trini tuya…no será la del veintitrés, la pimpolla de Candelaria y Nicolás, ¿no? Que ya tengo anotado que siempre le has bebido los vientos, y que hasta ahora era muy parvulita, pero…

Caballito

No me des la murga, ya te he dicho que ya te la presentaré.

Esperanza

Es guapa la niña
que ni en las revistas,
¡menuda rapaza!

Caballito

He dicho que ya te la presentaré.

Esperanza

Por lo que conozco,
muy buena estudiante,
cabal y educada.

Caballito

No cabe duda.

Esperanza

Es raro, su madre
es amiga mía,
no me ha dicho nada;
quizá no lo sabe,
si es eso, no tardes,
y tenla informada.

Caballito

Todo a su ritmo…

Esperanza

Encima de todo,
respeta a la niña,
que es chica y petisa.

Caballito

Por supuesto.

Esperanza

¡Qué mal te lo tomas!
¡Tanto secretito!
¡A la clandestina!

Caballito

No es eso…

Esperanza

No eres ningún niño,
no andes con bobadas,
¡formal como en misa!
Que yo no me entere
de que un picaflores
salió de estas tripas.

Caballito

Eres más antigua…

Esperanza

¡Pues venga, relata!
¿Cómo comenzasteis?
No pido detalles.
¿Cuánto lleváis juntos?,

si vais muy en serio,
¡rediez, no te calles!
¿Por qué me la escondes?
¿Por mí? ¡Vía franca!
¡Feliz como nadie!
No entiendo, cariño,
tus modos de niño,
¡que ya vistes traje!

Caballito

Mira que eres pelma…

Esperanza

Si estás convencido,
si la quieres mucho
o aún no lo sabes,
¡espero no sea
cualquier cosa fea!,
en fin, tú ya sabes…
(*Dibuja en el aire un bombo*)

Caballito

¿Cómo va a ser eso?

Esperanza

Entonces, no entiendo,
que venga el domingo,
el lunes o el martes;
no entiendo el remilgo
si no es que eres pingo,
te ruego, no tardes.

Caballito *se termina el bocata a toda prisa y sale de la cocina
como enfurruñado, mientras su madre pergeña una negativa
reprobatoria con la cabeza. Fin del primer acto.*

SEGUNDO ACTO

Al desarrollo monumental de la harmonía, evoluciones e involuciones líricas, va acolmatando la Pradera de San Isidro, como si fueran figuritas de un belén, una comitiva de madrileños añejos.

La imaginería patria, desde Atocha hasta Cuatro Vientos, habrá de verse cumplidamente representada: el cutre cantajuegos izquierdista que dice que es poeta, el poetastro que dice que los jueves es catedrático en la Complutense (¡y es verdad!), el hispano contertulio de provincias, el estraperlista de covachuela, el lanzador de cañas, la pija del suéter, el maquinavajita de Moratalaz, el perico entre tantas, Tanta, Tonta y Tontita, Gardiel, Yupanqui, Fumanchú, un descamisao de Lavapiés, chistero bolchevique sin salero con una sayeta zarista en la que pone "mi ofizio es la livert@z", el único catalán al oeste del Cinca y, entre todos, imperando lagarterana, la vendedora de nardos del Arenal...

Coro

Difunden los papeles digitales
estepas trepanadas por obuses,
los alemanes viven en carretas
y el lumen gringo suma cuatro luces,
la tarantela gime entre robots
y el cisne calla, ¡ay, ninfa infeliz!,
en París se atraganta una opereta;

nada habrá terminado mientras suena
esta última zarzuela de Madrid.

Hay cuatro niños y no saben nada,
que incluso el caminar les queda grande,
el más audaz no juega al monopoli
y el más salaz ni sale ya a la calle,
hedor nocturno, andrubial descoscado,
farsante obsesionado en se extinguir,
un mono apunta con su metralleta,
nada habrá terminado mientras suena
penúltima zarzuela en mi Madrid.

¡El Lucero del Alba es suplantado!,
¿tiranos?, figurantes de un anuncio,
no hay dicha, no hay dolor, no hay ni un latido
y estalos de los coros huelen sucio,
cementerio de condones, un mundo
de escoria amontonada por ahí,
¿será que Satanás coló su treta?,
nada habrá terminado mientras suena
flamante esta zarzuela de Madrid.

"¡Apocalipsis!", gritan los labriegos,
"¡apocalipsis!", sigue aquel doctor,
"¡apocalipsis!", brinda el andariego,
"¡apocalipsis!", canta un ruiseñor,
"¡apocalipsis!", el nene en su trona,
"¡apocalipsis, se perdió, es el fin!";

¡cuán triste es todo tras cruzar la meta!,
nada habrá terminado mientras suena
postrímera zarzuela de Madrid.

Ya nadie sabe hablar, hay lucecitas,
"¿qué haría yo sin esta depresión?,
¿curarme?, ¡qué pereza, quita, quita!,
que luego hay que pasar el escobón",
última palabra en sordomudo,
zanja la discusión Chatgipití,
¡cuán cuerdo, qué portento, sabio, esteta!;
nada habrá terminado mientras suena
la última zarzuela de Madrid.

¡Dame un beso, mi Manuela!,
¡ven por él!, ¿quién te has creído tú?, ¿Brad Pitt?,
¡más guindilla!, ¡echa sal a esa cazuela!,
¡mira, un guiri!, *jelou*, míster, *jir, jir, jir*,
¡original de Picasso a veinte euros!,
que no, que no es servilleta, ¡es un tapiz!,
¡caramba!, ¡qué dulce suena en mis oídos
la última zarzuela de Madrid!

*Y es ahora cuando viene la famosa y tan imitada "Danza del
ladrillo" de Caballito de Coín, asombrosamente atlética y balle-
tística coreografía. No se sabe muy bien por qué casi todo quisque
cree que es cerca del final, por la mitad del tercer acto, pero ¡qué
va!, es aquí. Telón y luego alcoba de la nena Trinidad. La relinda
creatura rubiales, recostada en el lecho en indumento domiciliario,*

desborda contento mientras teclea en su smartphone. Finalmente,
lo lanza efusiva sobre la colcha y reparte ostensivas celebraciones
puberales. Hasta tal punto alcanza su vigor festivo que su madre,
Candelaria, *magra, menopáusica nodriza, mujer terapizada hasta*
los tuétanos, termina por asomar bajo la enteriza de la puerta…

Candelaria

¿Te ocurre algo, Trini?

Trini

¡Ay, mamá, si yo pudiera contarte!

Candelaria

¡Cuenta, cuenta, mi niña!
No sé a qué viene que quieras callarte.

Trini

Me da vergüenza, mami,
que es cosa muy de mí, nada importante,
también cosa de críos,
seguro que te sale a ti burlarte…

Candelaria

Ya verás cómo no,

que tuve yo tu edad, ya tan distante…
y da igual cuál la edad,
que vida es vida y siempre igual el arte.

Trini

¡Que no, mamá, que no…!

Candelaria

¡Que sí! ¿Por qué vergüenza semejante?
¡A que es cosa de chicos!
Tal vez en algo pueda aconsejarte…

Trini

¡Mamá, que me ha llamado!
¡Que subiré con él a la Pradera!

Candelaria

¡Qué bien!, ¿no, vida mía?,
el verte tan feliz me colma entera.

Trini

Que yo no le gustaba,
pensaba que pasaba y ¡jo, qué pena!,
llevaba más de un año

sufriendo dentro, aquí, de esa condena;
que no le interesaba,
que prefería a otras más jardescas,
estaba yo segura
de que apenas paraba en mi existencia.

Candelaria

¿Y es bueno el postulante?

Trini

¿Si es bueno? ¡Es un milagro aquí en la tierra!,
es alto como así,
que debe de medir metro noventa,
esbelto y tan *mazao*
que luce cual modelo en pasarela,
de piel es atezado,
pero es de unos ojazos que rediela,
inmensos, francos, garzos,
azules de ultramar, turquí y orcela,
de lejos son de añil,
pero con mil matices más de cerca.
Es serio y muy callado,
que pienso tiene un alma de poeta,
en clase mira al mundo
allá tras la ventana cual tuviera
un idilio con él,
hondura sinigual, pura y secreta.

¡Ay, ma, cuál no será
el enigma de esa alma tan discreta!

Candelaria

Muy bien que me lo pintas,
sólo te digo, Trini, que cautela.

Trini

Pues créeme, mamá,
que acaso me esté yo quedando corta,
¡ay, mami, qué me pongo!,
¡qué feas e infantiles son mis ropas!;
vamos a ir en pandilla,
y para colmo irán de chulapona
todas la demás chicas,
voy a desentonar, por fea y tonta.

Se lanza a destripar su armario con bulimia y crispación.

Candelaria

Tranquila, vida mía,
que guardo yo el vestido desde moza,
igual te queda chico,
tal vez quede *apretao*, pero no es cosa
que deba preocuparte
en este caso, si acaso petona,

enjuta de cintura,
puedas más resultar: ¡más resultona!,
que la naturaleza
a ti te quiere, mima y te perdona.
Ve a la floristería
y compra una rosita maja y roja,
que es rojo el traje mío;
¿te acuerdas de tu bisabuela Antonia?,
pues también su mantón
mantengo y salvaguardo yo en mi alcoba,
al fondo de un cajón,
ya ni me acuerdo de estampado y forma,
pero nos va a valer,
que es bueno, de verdad, no ésos de broma
que se alquilan hogaño,
que más que de Manila son de goma.
Toma, niña, diez euros,
¡no, espera, toma más!, ¡caray, qué tonta!,
que nos falta el pañuelo,
y tiene que ser blanco, que no es cosa
baladí, caprichosa,
que es blanco el pañolón de chulapona
y de ésos yo no tengo,
vete a la mercería de Ramona.

Trini

¡Ay, mami, qué ilusión!

Termina de cambiarse Trini *a todo urgir y sale en estampida del cuarto, coge el dinero y besa, mientras la progenitora se queda con mueca encantadiza y morriñosa. Vuelve quedito al salón domiciliario, suspirante y voladiza…*

Candelaria

No me convence, no,
pero recuerda, Cande, que no es niña,
ni siquiera es precoz,
no te entrometas, en ella confía,
que bien se lo ha ganado,
no temas, más que díscola es remisa,
no será temeraria,
si acaso, más el dolor de las tímidas
la aguarda, ¡ay, pobre mía!,
que aquél de las locuelas, y de harpías.

Se acerca a la mesa, donde dejó posadas las cartas del buzón. Va desestimando el correo, hasta que topa con un sobre al que le arruga el morro. Lo abre y comienza a leer en voz baja, con mueca cada vez más torva.

¿Que te mande yo una foto de la Trini?
¿Que le entregue yo las cartas que le escribes?
Tú estás tonto, Nicolás, cosa no vista,
no conozco yo el planeta en el que vives,
buey de nefro, retardado, ruin canalla,
si te acercas te degüello, bicharraco,

cuando menos la condena sufrirás
de ser para tu tesoro un cruel extraño.
¿Quieres verle la sonrisa
de su faz amaneciente?
Escapaste hacia la noche,
la negaste para siempre,
las heridas que has causado
híspido llaguen tu vientre.
¿Que la añoras? ¿Que te informe de su vida?
Es ya casi una mujer hecha y derecha,
lista y guapa que no hay dos en este mundo,
no mereces ni pasar bajo sus huellas.
¿Qué comentas? ¡Ja! ¡Ni que fuera una niña!
Es la tinta que alimenta a los poetas,
con más ángel en el rostro y la palabra
que toda Jerusalén y Roma entera;
será reina, emperatriz de las Españas,
seguirá su estela un hombre verdadero
y no tú, cacho de carne, Satanás,
infeliz embaucador sucio y artero,
mohatrero, pacotilla degradada,
ni la cárcel ya te admite, cacho mierda,
pedo guarro, cuajarón, moco, cascarria,
pulga fétida, mïasma, vil miseria,
si te pillo por el orto
te voy a meter petardos
como hiciste tú conmigo
justo antes de abandonarnos
por esa chancha casposa

que juraba disfrutarlos.
¿Que has cambiado? ¿Que has encontrado trabajo?
¿Un curro tú? ¡Pues será de chupaculos!
Aparte de para tragar fluidos sórdidos
yo jamás te conocí talento alguno,
puto de ancianas, consolador de asilo,
chapero de cuadra, catador de menstruos,
sumiller de orina, ladilla de manfla,
cobaya de sífilis; ¡¡tú de enfermero?!,
escupidera, pañal,
escobilla, retrete,
lamedor de pies, un truño,
depilador de ojetes,
olisqueador de culos,
un donante de liendres,
prostituto de mascotas,
sexador de serpientes,
oxiuro de pocilga,
nutrido banco de heces,
pastelero vicioso,
coprófago cadete,
aprendiz de meada,
tarzanito caliente,
palomino infeliz,
orinal de mujeres,
procesadora humana
de residuos de gente,
limpiador de sobacos,
vomitona de hoteles,

fregona de esquina
con tu lengua valiente,
alimoche, carroña,
hiénido incompetente,
cepillo de felpudos,
aspiradora de semen,
imitador de compresa
y de tampones suplente,
cálculo medio atascado,
clínex para despueses,
escarabajo africano
entre toros sudaneses,
mosca de muladar,
murciélaga de ojos verdes,
sujetador de pollas
becario y con mil jefes,
sodomizador de fetos
de una clínica en Algete,
husmeador de rastros
de personas y perretes,
cocinero de boñigas
entre cazos y sartenes,
devorador de placenta,
de matrona el asistente,
pajillero incombustible
en la sesión de las siete,
felador aficionado
con diez glandes en la frente;
coleccionista de tangas

robados en Gandía,
chingón, escroto, pendejo,
sucedáneo de pinga,
gomorrita mal follado,
depósito en la gomita,
verraquito verriondo,
papel para caquita,
especialista en sudores,
mamporrero de gallinas,
opositor a mamón
(y me callo la papilla),
estuprador de cafés,
violador de natillas,
gusano entre los dedos
de alguna viejecita,
vial de laboratorio
de ginecología,
probeta aficionado
en el de urología…

Continúa Candelaria *la letanía mientras desaloja el escenario*
por bastidores. Hace el telón amago de bajar, pero a los pocos
segundos se detiene en seco, que regresa la dama al salón, aún
leyendo la nota.

…animador de morgues,
lombriz de intestino, y gordo,
corrida sobre la arena
de una playa en pleno agosto,

pelusa del ombligo,
desatascador de pozos
sépticos, de letrinas,
de sentinas y fondos,
masticador de legañas,
prostático doloroso,
del Chino chichisveo,
esclavo de actriz porno,
apartador de flequillos,
cuarto reserva del mozo,
tónico para prepucios,
cirujano de anos rotos…

Terciopelo al firme. Sube nuevamente el telón con melisma de organillo. Trini en la Pradera y mogollón de figurantes variopintos, algo intimidada la pobre, libando una Fanta naranja con pajita junto a un puesto de comidas. Ha llegado pronto y aguarda con impaciencia, sola. Mixtura de estándar reguetonero, ecos de chotis no lejano, estrépito de turbamulta. Tolvaneras, caos, maravillosas marmitas rebullentes con entresijos y gallinejas. Lo que ella desconoce es que su vecino Caballito de Coín, trajeadito folk de cordobés cañí como suele, a lo tonto a lo tonto, la ha seguido. Caballito va a azacanarse en las babas del encontradizo, Trini en los desdenes de la prudente.

Caballito

¿Trini?, ¿Trini?, ¿eres tú?, ¡caramba, Trini, qué reguapa! ¡Trini!, ¡Trini!, ¡hola!, que soy yo…

Trini

Déjeme en paz, por favor.

Caballito

¡Trini! ¡Que soy yo!, me dejas de un pasmo.

Trini

Yo a usted no lo conozco de nada. Déjeme en paz.

Caballito

¡No te hagas la tonta, Trini, que soy yo! ¡Caballito, el del catorce, el de la Espe, el de enfrente! ¡Andanda que no tenemos tú y yo juegos compartidos!

Trini

Yo no sé quién es usted.

Caballito

¡Pero Trini! ¡¿Cómo me dices eso?! No puede ser que no me recuerdes. ¿Te pasa algo? ¿Te has *fastidiao* conmigo por algo?

Trini

No se ponga usted *pesao*, por favor.

Caballito

¡Será posible! ¡Ni que hubiera pasado tanto tiempo! ¡La semana pasada mismo!

Trini

Eso que dice usted es mentira.

Caballito

¿Mentira? Ya veo que se te ha subido el pavo, Trini; ¡soy yo, Caballito!, el de siempre, tu Caballito, ya veo que con los ojos de mujer fatal te ha llegado también la memoria de pez. ¿Cómo estás tú sola en la Pradera? Venga, que te invito a una Fanta, que aquí sola no estás na' segura; hay ca' pieza por ahí suelto…

Trini

He quedado aquí con un montón de amigos que ahora mismo van a llegar, así que le aconsejo que se marche, haga el favor.

Caballito

¡Pero bueno, Trini! ¿Cómo tan maleducada? Que de *verdá* que no me importa, que me quedo contigo hasta que lleguen… Yo también he *quedao* ahí más arriba, en el estanque, ¿qué te has *pensao*? Pero que se esperen mis amigos, ¡no te voy a dejar aquí sola!

Camarero

¿No ha oído usté a la señorita? Haga el favor de irse, y esto no es ningún consejo.

Caballito *titubea, pero no dice nada más, baja la cabeza y se naja, aunque todavía permanecerá merodeador e indeciso un rato por las inmediaciones, pululante entre el gentío, saudoso entre la gritería. Finalmente llegan un amigo y una amiga de la damisela, y al ton de la salutación mete las manos en los bolsillos y desciende cuesta abajo, giboso, meditativo y erosionando suela…*
Cuando vuelva a subir el telón el escenario poco habrá cambiado, el puesto no es el mismo, pero en poco se distingue. Noche, fresca, inmemorial. La cuadrilla de Trini *y el* Negro*, unos quince o dieciséis quintos, casi ocupa toda la barra, y conforme ha progresado la hora se ha ido acorrillando en cuartetos, tríos y duetos. Se conoce que algunos han triunfado. A un extremo, nuestros amantes se miran embelesados, secreteando, preadicos y atalantados.*

Todos

¡Pradera de San Isidro,
es la noche del amor!

Trini

¡Qué feliz me has hecho, Santi!
De verdad que yo creía
que te era indiferente,
cuánto en mi cuarto sufría,
y a la luna, ésta que ves,
cuánto y cuánto le pedía
que esos tus ojos tan fríos
pararan en mi dolor.

Todos

¡Pradera de San Isidro,
es la noche del amor!

Negro

¡Pobre niña de mis ojos!
¡Cuán lamento mi pecado!
Pecado que fue de ciego,
pecado de amilanado,
pues daba yo por seguro
que queriéndote a mi lado

mi fervor fracasaría,
que diríasme que no,
¡martirio que era seguro!,
¿qué haría yo sin tu amor?
¿Cuántas veces he jugado
con hojas de margarita?,
pesar, angustia e insomnio
me ha dado la florecilla,
te pido perdón mil veces,
mil perdones, mi bendita,
pudores e indecisiones,
ida y vuelta hasta el buzón.

Todos

¡Pradera de San Isidro,
es la noche del amor!

Trini

¡Largas veladas de invierno
queden atrás olvidadas!
¡Qué largos son ya los días!,
¿no son ya las tardes largas?,
los prados amapolares
y en los balcones guirnaldas,
rojo puro por doquiera,
cual palpita el corazón,
color que es color del fuego,

que es el color del amor.
No recuerdo las escarchas
que me helaban en enero,
¿qué es el langor, la penuria,
la congoja, el desespero?,
hoy piso yo un nuevo mundo
y van mis pasos ligeros,
más que pies, yo tengo alas,
tierra lejos, cerca el sol.

Todos

¡Pradera de San Isidro,
es la noche del amor!

Negro

Tanto en bargueño y memoria
guardo inconfesos sonetos
que voy presto a regalarte
todos juntos, por fin besos,
lo que siempre fueron, siempre,
pues como tales nacieron,
crecidos hoy ya son mares,
océanos de emoción,
liras fueran las caricias,
¡poemas, poemas de amor!
Temo yo, Trini querida,
no haber tenido destreza

suficiente con la pluma,
limitada es mi cabeza,
buenaventura es por tanto
el tenerte aquí tan cerca,
donde no lleguen palabras
escucha mi corazón.

Todos

¡Pradera de San Isidro,
es la noche del amor!
¡Diecïocho, diecïocho!
¡Viva la edad florecida!
¡Cuán atrás queda la infancia
y qué abierta está la vida!
¡Cómo llena los pulmones!

Ellas

¡Eh, tú, guapo!

Ellos

¡Eh, tú, linda!
¡Dame un beso, mi chulapa!

Ellas

¡Dame un beso, mi primor!

Todos

¡Pradera de San Isidro,
es la noche del amor!

Y pues eso, besos de ésos buenos que saben a queso. Lentamente abandona el puesto la comparsita así de acaramelada, también un pelo chispa y briaga. Aparece a la zaga entonces Caballito de Coín.

Caballito

¡Ey, Trini! ¡Qué casualidad! ¿Vuelves tú también a casa?
¿Quieres que te acompañe?

Negro

¿Lo conoces, Trini? ¿Quién es ése?

Trini

¡Nadie! ¡Un *pesao*! Creo que un fulano de mi barrio. Pero de veras, que no lo conozco de na'.

Caballito

¿Otra vez andas con ésas? Buenas, soy Caballito, un amigo de la Trini.

Alarga la mano al Negro, *que suspicaz se la estrecha con displicencia.*

¿Qué tal la noche, chavales? ¿Lo habéis pasado bien? Si queréis os acompaño, que es muy tarde y la noche muy parda. Yo también voy en esa dirección.

Negro

No hace falta. Déjenos tranquilos, por favor.

Caballito

De *verdá*, que no es molestia, y las calles son peligrosas…

Negro

¿No le he dicho que no hace falta? Haga usted el favor de darse el piro y esfumarse, que no le voy a decir nada más.

Caballito

Oye, muchacho, no te hagas el valiente delante de la moza, que las páginas de sucesos están hasta arriba de niños como tú, que se creían ya tarzanes porque les había salido un pelo pezonero.

A saber por qué, ni el Negro *ni sus amigos se toman a bien el comentario. Con más curiosidad que exasperación se van acercando a* Caballito, *que se arruga lo indecible pero que, sin éxito, finge que no.*

¿Qué os pasa, chavales? ¡Que soy yo, Caballito! Díselo tú, Trini, ¡Caballito! ¡Yo, Caballito! ¡Tu vecino!

Negro

Haga usted el favor de marcharse, no se lo digo más. Y después gloria.

Caballito

¡Pero bueno! ¡Qué modales! ¡Cuánta violencia! ¡Que viva la paz!, ¿no? ¡Que hay que ser moderno, tema proactivo, a nivel de diverso y tal!, ¿no? Ya sabéis…*gif pisachans* y to' eso…*camón pípol nau, ismailón yor brade reribari guechuguede* y tal… ¡Díselo tú, Trini…!

Pero el coloquio se acaba. El Negro *le arrea una torta, pero de mano abierta, ni siquiera una puñada. Deja al* Caballito *en noqueada Lina Morgan. Se precipita bisojo al suelo polvoriento y la pandilla se va, aguada la fiesta, desde luego no tan jocunda como antes. En hora de recogida alguna que otra cuadrilla, alguna que otra pareja, pasa cerca y esquiva al presunto beodo de turno. Nadie se preocupa por él ni hay Dios que lo asista. Alguna libre expresión femenina entre el miedo y el asco. Transcurrido un minuto más o menos,* Caballito *vuelve en sí, tambaleante se incorpora, se sacude el polvo y, aquilino, rumiante y apesarado, arrastrando los pies, desaloja por bastidores. Fin del segundo acto.*

TERCER ACTO

Número cómico e inmortal del "Baile de los mendigos", el de los saltitos de pingüino. Se barre a la vez que se reconstruye la Pradera de San Isidro.

Coro

¡Dame un euro, que soy pobre!
¡Mis abuelos fueron condes!
¡Si tú vas *apiporrao*!
¿Qué es la vida? Un frenesí.
Me ha mandado la Sonsoles,
mi terapeuta privada,
que coma más ensalada
mezclada en el matarratas
y yo soy mu' bien *mandao*.
Jajajajajajá…

¡Ay, que estoy enamorado!
¡Ay, que estoy enamorada!
Asesino, pero honrado,
¡vivan las asesinadas!
Nobleza obliga, ellas mandan,
escucha, escucha, Colás,
¡no oigo nada, no oigo nada!,

pues yo sí: tienes que darme
el parné para el bocata.
Jajajajajajajá…

¡Yo soy guapo! ¡Yo estoy loca!
Ganas tú, ¡a ver, los tajazos!,
reina mora, ¡ay, qué ojazos!,
enséñame bien los brazos,
¿y eso es todo?, ¿cuatro rajas?,
¡toma toba!, ¡y tú…un balazo!,
me ha dicho mi funcionaria
que debo giñar en público
y vender mi vello púbico.
Jajajajajajajá…

Tengo una muñeca fistro,
del Japón, cosa *sesuarl*,
que es tan sabia y tan real
que me quiere como amigo,
¡qué chiste tan bien traído!,
será chiste, pero tengo
que pasarle un buen dinero,
que me lo ordenó la juezo,
así que ¡hale!, el monedero.
(*Saca la cheira y pincha y pincha y pincha*)
Jajajajajajajá…

La boutique-ayuntamiento,
campaña de ropa boba,

ya funciona como albergue,
y la alcalda, fascistorra
del partido de las locas,
representa por el clima
la función de las pelotas,
ya tú sabes, de ping pong;
¿tú la has visto, don Pimpón?
Jajajajajajá…

¡Dame un euro, que tengo hambre!
¡Dura vida de inmigrante!
¿De qué país vienes tú?
De la España vacïada,
por ahí, por Almorranas,
¿dónde para ese país?,
por las vegas de Graná,
¡pues a mí me encanta el campo
y el gintónic con pepino!,
Jajajajajajá…

Yo soy rico, ¡dame *argo*!,
yo estoy loco, lo he soñado en
un ataque de ansiedad,
y por fin ya me he apuntado
a la bolsa de trabajo
pa' currar de profesor.
¿Y funciona, te han llamado?
Más o menos, sólo había
plazas pa' ser inspector.

Jajajajajajajá…

¡Viva España! ¡Viva España!
¡Viva el magro con tomate!
¿Del Día o del Mercadona?
¿De quién es el restaurante
del tío de Washingtón?
¿Qué tío de Washingtón?
¿José Andrés? Creo que sí,
espera, tengo llamada,
¿que me regalan un dios?
Jajajajajajá…

¡Les habrás dicho que no!
¡Hombre, claro, por supuesto!
Tiene uno su dignidad,
aunque esto del sincasismo
se haga durillo a veces,
¡soy un euro!, ¡dame un pobre!,
¡dale un euro a mi bebé!,
¡si es tu puño, cagüendiez!,
bueno, vale, toma cien.
Jajajajajajá…

*El grupo salvaje empieza a arrearse bien de puñetazos mientras
las carcajadas van a más y a más y a más. Ciérrase y ábrese el telón, cocinita del piso de Esperanza y Caballito. La madre friega
cacharros en la pila cuando entra el figurón. Es como mediodía.
El jovenzano, en pijama, caricatura de resaca simulada y despe-*

lujada, bosteza a esparavanes. Con inverecunda cotidianeidad,
la señora siquiera lo mira.

Esperanza

¡Buenas horas, mi Romeo! ¿Qué tal anoche?

Caballito

Na', normal, un pelo *aburría*. Todos los años es igual. Eso de
tener que divertirse así, en las romerías y verbenas, como por
obligación, nunca fue lo mío, ya sabes.

Esperanza

Ponte algo de desayunar.

Caballito

Nopi. No hace falta, una manzana y ya, ducha, me visto y
me voy, ya desayuno en el bar, que hoy hay faena pa' largo.
Voy a Oriente, que anda por ahí mucho *mercao*, y luego ya
derecho a Las Ventas, que hay hoy corrida mu' principal, de
mucho cartel. A ver si hoy hay suerte y se hace más caja.

Esperanza

¡Vaya trazas que me traes! ¡Qué esperpento!

Caballito

Ej que ayer me sobró una copa. ¡Tengo un mal cuerpo!

Esperanza

¡Pero bueno! ¿Y ese ojo?

Caballito

¿Qué ojo?

Esperanza

¿Cómo que qué ojo? ¡Si parece que te se va a caer!

Caballito

¡Ah, el ojo! ¡Pensé que iba a quedar en na'! ¡Un *pirao* borracho que iba por ahí tirando *pedrás* a la multitud! ¡Pues ya ves, una me atizó. Menos mal que no le cayó a la Trini. ¡Está la cosa, madre! ¡Si supieras! Ya no es como en tus tiempos, no, nanay, que está la cosa que ni viéndolo acaba uno de creérselo. ¡El Bronx! ¡Dónde iremos a parar!

Esperanza

Pues tiene una pinta negra como de gangrena.

Caballito

¡Que no! ¡Que no es na'! ¡Que ni lo noto, no me duele! Ya verás cómo en un rato se ha *curao*.

Esperanza

Trae acá, bobón.

Caballito

¡Que no, pelma! ¡Que se me va entera la mañana! ¡Hala, abur!

Le da a la madre un espiritado osculillo de ligereza y con manzana en fauces se va. Queda la dama fregando muy seria. Cada poco recesa. Va a dejar el ajuar niquelado.

Esperanza

¡Ay, menuda juventud!,
¡mi Gonzalo, quién la entienda!
No llego a la frutería,
pero bueno, qué más da,
tengo ya para cenar
y total, qué tontería,
si por fas o por nefás
siempre ceno yo aquí sola,
miedo tengo a acabar loca

¡ay! de tanta soledad.
¡Gonzalo, qué juventud!
Peras…plátanos…manzanas…
¡si sólo come manzanas!,
¡será vago ese pelanas!,
da más guerra que un rapaz.
¿No dice que está saliendo
con la Trini, la de Cande?
Pues bueno, será verdad,
¿cómo se puede inventar
una bola así de grande?
Lelo está, ¿pero tan lelo?
¡Ay, menuda juventud,
mi Gonzalo! ¿Quién la entienda?
En fin, que será verdad.
Mira, mejor descongelo
un trocito del cachopo,
y así en casita me quedo
esta tarde, y no me pongo
ropa limpia, que es mejor,
y en la lavadora ahorro.
Mañana no llueve, ¿no?
Si no puede ser mentira…
la chica le queda enorme
mas no puede ser mentira…
que tendrá las patas cortas
pero ni patas tendría
tan absurda niñería,
¡vaya hijo el hijo tuyo!,

qué baldragas, qué capullo.
Lo llego a saber y aborto.
Hasta pa' mendigo es tonto.
¡No es cosa de juventud!
¡Es de él, que quién lo entienda!
Las maletas en la puerta…
No, que eso ya no se lleva,
pero no será por ganas.
Por ser, es hasta deforme,
sólo le faltan escamas,
ya es cheposo, y tan pocas
luces, zonzo tan morcajo,
que no le darán trabajo
ni de aprendiz de estropajo.
¡Que no, que no es la juventud!
¡Es de tu hijo, mi Gonzalo!
¡Qué fracaso! ¡Qué fracaso!
¿Seré yo? Lo veo feo,
y asaz dicen que las madres
nunca ven a su hijo feo
aunque sea un adefesio;
pero es que…¡hóspera!, ¡tate!,
nos ha salido un trofeo
que sale solito el ¡sape!
¿Lo de Trini será cierto?
Mira, mejor ni lo pienso,
¿qué podría un bellezón
como Trini, ¡qué pibón!,
ver en menso tan mostrenco?

No, no es cosa de juventud,
shit happens, pa' quien entienda.

Estampa siguiente, calamustia tarde, puente sobre el río Manza-
nares. Atraviésalo medroso y dubitativo Caballito de Coín, *con*
escuálida determinación.

Caballito

¿Pero para qué subes, Caballito? ¿Para que pase lo mismo que
ayer? ¡Huy, lo mismo que ayer! ¡Peor! ¡La continuación! Por
otro lado, tienes que subir. No irás a permitir que ese banda-
rra que la tiene secuestrada continúe lavándole el cerebro…
Leí no sé dónde que lo llaman síndrome de Estocolmo. También eso otro de la ventana de Overtón, igual la pobrezuca
ya crea a estas alturas que es la novia de ese poltrón de man-
cuerna, de ese petimetre floripón, y que está enamorada de
él. Mira, sea como sea, yo tengo que explicárselo, salga o no
salga bien. Por insistir que no quede. Y el roce hace el cariño.
¿Y si me rozo? Hombre, no literalmente, pero igual empiece
a darse cuenta de cuánto valgo y cuánto me quiere a base de
verme encajar palizas. Eso no puede salir mal. ¿Qué puede
salir mal?
¡Que no!, date la vuelta, Caballito. ¡Que sí! ¡Que vayas, no
seas cagueta! ¿No esperarás que sea ella la que acuda a ti y
llame a tu puerta…? Hombre…a lo mejor pasa…¿no?; ¿y si
no?, es arriesgado, que en nuestro tiempo el sentido común
racanea y a menudo haraganea la justicia, y sólo habrá sido

perder el tiempo. ¡La vida es corta, ya lo decía Gandhi, el del *Feisbu*! ¡Y sólo hay una!

Espera, ¡espera! Ese tipejo de ayer es muy violento, a las pruebas me remito. ¡Es verdad! Seguro que dentro de nada la maltrate, ¡si es que no lo ha hecho ya! ¡Papafrita, pelatigres de chichinabo! ¡Pedazo de cabrón! ¡Como la vuelva a tocar lo mato, como hay Dios! Venga, ánimo, Caballito, por mucho que duela o parezca que es inútil… es tema de moral, a nivel de buena gente, simplemente no lo puedes permitir. De hecho, fíjate, Caballito, que tendrías que hacerlo aunque no se tratase de la Trini, aunque fuera por cualquiera. Los españoles bien nacidos no podemos dejar a nuestras mujeres al capricho de esos machirulos redomados, de esos bestias fascistas, de esa panda de ignorantes. Qué bien me habría ido a mí en los estudios si no hubieran *quitao* la Filosofía. Esos tontos que no sienten interés por la Filosofía ni la Historia ni por na'… ¡Que pa' qué sirve la Filosofía! ¡Que pa' qué sirven los libros! Menudos tiempos éstos… Hombre, no esos libros que mandan leer los profes, sino los buenos, de los de la realidad más de ahora. ¡Huy, cuántos libros habría leído yo, si los hubiera interesantes! Espera, esto lo tengo que escribir. Mira, yo creo que eso, que hasta ahora me ha ido mal en la vida porque pa' lo que de *verdá* yo sirvo es pa' pensar y pa' escritor. (*Nuestro La Rochefoucauld libertador saca una libreta y un lápiz y garrapatea una greguería*) ¡Huy, cuando escriba yo libros! ¡Unos cuantos se iban a enterar! ¡Ya verán, ya verán cuando sea yo escritor! ¡Se va a cagar la perra!, con perdón.

¡Ay, cuánto daño hacen los tontos! Si yo lo digo siempre y nadie me comprende, que es la verdadera epidemia de nuestros tiempos, que es que la *sociedá* se cree que los tontos son inofensivos y de eso na', que es como meter la manzana *podría* en el frutero, a los cuatro días ya to' *podrío*. Punto. Y ahora, Caballito, ¡a la toma de la Pradera!

Caballito, Caballito de Coín,
no te quedes *arrastrao,*
no te quedes *arrastrao,*
que es nomás un rato malo
y esto apenas ha *empezao,*
Caballito, Caballito de Coín,
que esto apenas ha *empezao.*

¡Corre, corre, Caballito!,
ata machos y *lanzao,*
¡sube, raudo a la Pradera!,
pronto sentirás el ¡ole! y
quedará todo *arreglao.*

Caballito, Caballito de Coín,
unos años nada más,
unos años nada más,
¡anda! no es larga la vida,
de esto ni te acordarás,
Caballito, Caballito de Coín,
de esto ni te acordarás.

¡Corre, corre, Caballito!,
mentón alto y *preparao,*
¡que te espera la Pradera!,

pronto sentirás el ¡ole! y
quedará todo *arreglao*.

Caballito, Caballito de Coín,
Trini ya reaccionará,
Trini ya reaccionará,
apreciará a quien la quiere,
quien la quiere de *verdá*,
Caballito, Caballito de Coín,
y así se enamorará.

¡Corre, corre, Caballito!,
¿cederás por un *morao*?,
¡ni un *morao* ni cien millones!
pronto sentirás el ¡ole! y
quedará todo *arreglao*.

Caballito, Caballito de Coín,
primer novio nada más,
primer novio nada más,
igual viene uno segundo,
y hasta un tercero quizá,
Caballito, Caballito de Coín,
sólo tienes que esperar.

¡Corre, corre, Caballito!,
aunque sea pa' esperar,
¡que te vea allí bien firme!,
pronto sentirás el ¡ole! y

quedará todo *arreglao*.

Caballito, Caballito de Coín,
siente el beso que tendrás,
siente el beso que tendrás,
bajo luna enamorada
Trinidad te lo dará,
Caballito, Caballito de Coín,
y la luna aplaudirá.

¡Corre, corre, Caballito!,
que la noche va a empezar,
¡la luna está en la Pradera!,
pronto sentirás el ¡ole! y
quedará todo *arreglao*.

Caballito, Caballito de Coín,
¿qué haces aquí tan *parao*?,
¿qué haces aquí tan *parao*?,
¡que tendrá ése musculitos
pero no es *naide* a tu *lao*!,
Caballito, Caballito de Coín,
un niñato *endomingao*.

¡Corre, corre, Caballito!,
que te pegue dos y tres,
¡aunque fueran cien millones!,
pronto sentirás el ¡ole! y
quedará todo *arreglao*.

Caballito *capitán, con arremangado aplomo conquistador, al fin endereza el trote, abdica de giróvago y avanza por el puente, pero ¡oh, maldición!, se le interpone, como llegados de las estepas, un hato de partos gamberrillos de birria y barrio a lomos de sus velocípedos encabritados. Todos son risa, todos demolición, todos cantazo. Han encontrado víctima en el pastueño Sócrates recién acuciado de toriles por la vocación de Dios Nuestro Señor. ¿Cuántas veces no habrá la Historia universal fracasado por anécdotas de este tipo, tan aparentemente irrelevantes? ¿De cuánta hazaña y redención se nos habrá privado?*

Todos

¿De qué vas tú *vestío,*
monstruo de Leganés?

Niño 1

Mi padre es pescadero,
no son los peces guapos,
ni siquiera al bonito
el nombre es adecuado,
y no faltan horrendos,
mas te sacan un palmo,
si acaso, así mirado…
quizás el pejesapo,
mas no, que no, que no,
no llegas ni a sus pies.

Todos

¿De qué vas tú *vestío*,
monstruo de Leganés?
(*Golpiza*)

Niño 2

Mi padre es zapatero,
to'l día dale y dale,
a mejorar el cuero
para darle modales,
tan hábil martillero,
remendón tan donaire
que de un andrajo roto
te saca el mejor arte,
pero es que con tu cara...
¡parece del revés!

Todos

¿De qué vas tú *vestío*,
monstruo de Leganés?
(*Golpiza*)

Niña

Mi madre es enfermera,
currela allá en La Paz,

unidad de quemados
le suele a ella tocar,
¡nos cuenta cada cosa!,
¡cada barbaridad!,
curada está de espanto
de tanta fealdad,
por mucho que ella cuente
le gano yo esta vez.

Todos

¿De qué vas tú *vestío*,
monstruo de Leganés?
(*Golpiza*)

Niño 3

Mi madre es barrendera,
trabaja en Villaverde,
lo suyo es la basura,
la apaña cuanto puede,
soy bueno, te aconsejo
ocultarte, esconderte,
no salgas más de casa,
no sea que te encuentre,
¿quién podría culparla?,
¿qué tribunal?, ¿qué juez?

Todos

¿De qué vas tú *vestío*,
monstruo de Leganés?
(*Golpiza*)

Niño 4

Mi madre tiene un curro
en un restaurán chino,
serán habladurías,
que no generalizo,
la carne allí no es fresca,
digamos…gusanitos
se suelen regalar
al comensal más fino,
Chicote huyó espantado,
¡pediría volver!

Todos

¿De qué vas tú *vestío*,
monstruo de Leganés?
(*Golpiza cantante y sonante*)
¿Tendremos pesadillas?
¿Estoy en el retrete?
¿Se ha roto la morcilla?
¿Es que ha vuelto la Peste?
¡Mira, si tiene piernas!

¡Si son antenas, tente!
To'avía no está hecha,
parece que se mueve,
yo aquesta crïadilla
no me pienso comer,
¿de qué vas tú *vestío,*
monstruo de Leganés?
(*Lapidación severa y mojiganguera desbandada*)

Caballito (Desguazado)

¡Como os pille! ¡Volved, volved, indeseables! ¡Como os cace
os despedazo!

Voz desde el foro

¡Deje usté en paz a los niños! ¿No le da vergüenza?

Caballito *capitán se sienta en el encintado y comprueba que le
sangra a mares una ceja y tiene tres dedos aplastados y del revés.
Escaso tránsito peatonal rumbo a la Pradera de San Isidro. Es
completamente ignorado. Va a ser una gran noche, chan chan
chan. Nadie asiste al presunto delincuente ni lo hará. Quizá al-
gún poli despistado lo detenga…no, no caerá esa breva. Alguna
libre expresión femenina entre el susto y el asco, por levantar
los ojos del móvil demasiado de repente (mal hábito tan desacon-
sejado por los médicos y que perjudica sobre todo a las mujeres;
se debe hacer poco a poco, ¡por Dios! En el periodo 2020-2022
se registraron más de quinientos accidentes graves por esa causa,*

no es cosa que tomarse a broma, y se estima que en el próximo bienio la cifra quizá se duplique, pasadas las restricciones de la pandemia).

Caballito

Pues yo paso de ir al hospital...yo paso. Este mundo no tiene salvación. Que no, que no la tiene. Yo no puedo vivir en este mundo. Que no. ¡Para qué he *nacío* yo! (*Intenta rasgarse la camisa, no arranca ni un botón*) ¡Para qué he *nacío* yo!

Solloza, últimamente lo arrebata el llanto, se yergue y se refleja en las aguas plomizas del río.

Yo paso de ir al hospital. ¿Y a la Pradera? ¿Para qué ir a la
Pradera?
¿Hacia quién pudiera ir?
Alta Luna, tú que a tantos
alentaste en su camino,
autora de docto trino,
tutora de mil encantos,
¿lo serás de mis espantos?,
¿nada más que jerigonza?
¿para ti soy yo peonza
que captura tu zumbel?
Caballito, cascabel,
¿y de amores?, ni una onza.
Luna muda...¿hacia quién pudiera ir?
Heme aquí gato nocturno

al calor de una farola,
apagadiza aureola,
tópico cruento y soturno;
será que llegó mi turno,
nada hay más que recorrer,
es noche de recoger,
desechar alma y telares,
el destino es tajamares,
tierra a la que hay que volver.
¿Hacia dónde puedo ir?
¿A mi hogar?
¿A qué hogar?
¿Al futuro?
¿Qué lugar?
¿Hacia mí?
No será.
¿Hacia quién?
No lo hay.
¿Hacia quién pudiera ir?
Gatos locos, enfermizos,
que sitian pescaderías
por sus traseras tardías,
aterrados y huidizos,
cadáveres de callizos,
¿menú?, basura y carroña,
no hay futuro, sino roña,
no hay mañana, sino muerte,
si ya sentenció la suerte
el magín ya no retoña.

¿Hacia quién pudiera ir?
Peje y podre es mi alborada,
es la noche mi sendero,
oculto cual pendenciero
aspirante a poco, a nada,
salud poca, abandonada,
nocturnidad y pescado,
de alevosía arruinado,
fecha es hoy de asesinato,
sólo firmo yo el contrato,
pues a nadie tengo al lado.
¿Esperar?
No sé a qué.
¿Olvidar?
Ya olvidé.
¿Perdonar?
No sé quién
me pidió
tal merced.
¿Rumbo a quién pudiera ir?
Sanlúcar de Barrameda
y corceles en la arena,
con jaez y aura serena,
altivez, brisa de seda;
ya se lanzó la moneda,
Atlántico hasta Ayamonte,
océano el horizonte,
no opongas hoy ni un mohín,
¡Caballito de Coín!

¡Embista y nadie lo afronte!
Venga, Caballito, vamos, vamos, Caballito, venga Caballito,
échale huevos, Caballito…

Pasa al otro lado de la baranda, tembloroso equilibrista, torpe,
añusgado…

Con cojones, Caballito, venga, arre, arre, Caballito, arre, Caballito, ¡arre!…

Y finalmente se arroja a las aguas. La caída es breve, manotea
y encalabrina como un chapucín, traga agua, ¡cuál ridiculez!
Termina la charlotada, no cubre ni un metro, últimamente se
levanta el hombre joven y sale del río a pasitos lánguidos. Regre-
sa al puente y lo descruza, llorando, con ambas manos extendi-
das sobre la cara. A mitad hace como si se hubiera dado cuenta
de que está el público, reacciona como si anduviera por ahí en
bolas; aun vestido, se tapa pene y pezones y tira corriendo hacia
bastidores. Queda en escena una primaveral y enorme luna re-
donda, clara y solitaria.
El sentimentalismo orquestal alcanza el culmen, mujeres, cursis
y maricas se emocionan, mocos tendidos y pegajosos por todos
lados, disimulados en la butaca, el pantalón, la melena de la de
delante…Los machotes forjan con esmero rictus de acero y filo-
sofan. Alguno se sentirá identificado con Caballito *y se meterá a*
poeta o humorista. ¿Qué es poesía? ¿Qué es el humor? ¿Quieren
ser ustedes poetas y humoristas? Y a usted, señora, ¿qué le apetece
hoy?, ¿poeta o poetisa? ¡A mandar! Sí, cari, sí, cheli, como tú
quieras, florecilla de alhelí…porque si va a depender de lo que

*quiera el calzonazos de tu marido… Tímidamente la orquesta
amansa y acalla sus compases, el vulgacho fervoroso se levanta
de las butacas y empiezan a escucharse aplausos. Baja el telón,
el teatro de la Zarzuela clamorea y vuelve a subirse. Los actores
regresarán a escena a saludar sobrecogidos, bueno…más o menos, uno tras otro, unos como mucho, otros como…actores. Sub-
alternos irrumpen para entregar a las divas ramos de victoria,
clavel y nardo. Socallada por el estruendo, la orquesta empieza a
interpretar "Habanera del Manzanares"*

Coro

Grande el Miño galleguiño
por verdura amplia, agaitada,
sus aguas y sus cantiles
sortilegian la queimada;
de Tres Mares a Tortosa
como mar abre cañada
el Ebro de Zaragoza,
mar de vino y esperanza,
Guadalhorce entre verdiales
alacre impone su danza
como el Turia valenciano
y el Pisuerga por sus lares,
¿cómo en villa madrileña
es tan grande el Manzanares?
El Guadiana caprichoso
quiebra lanzas de romanos,
viaja allá donde los lusos

dan la mano a los hispanos,
y en Toledo, ahí a lo bajo,
espumea el viejo Tajo,
encinar, grullas y buitres
continúan su trabajo,
y el Jarama, tan modesto,
de arenales tan honrados,
materia será de un sueño
que culmina en urbe grande,
¿cómo en la corte española
es tan grande el Manzanares?
(*Solo femenino*)
¡Ah, Melibea de Tormes!,
¡Carmen del Guadalquivir!,
a dulzor de los ventalles
suena la Feria de Abril,
¡hortelana del Segura!,
¡oh, morisca del Genil!,
morena de piel dorada
por el Duero y por el Sil,
breves ríos asturiones
colman las mejillas mil,
¿cuánto el amor de mujer
no ha medrado en este valle?,
en la villa madrileña
es inmenso el Manzanares.
(*Coro*)
Manzanares de Barbieri,
Manzanares de Bretón,

tus orillas tan humildes
sazonan Madrid en flor,
río de Bécquer romántico
que navega hacia un amor,
el navío de Espronceda
surca de Larra el dolor,
Ramoncito de la Cruz
pasea por tus adarves,
obleas al organillo
alimentan tus pardales,
¿cómo al pasar por Madrid
es tan grande el Manzanares?
    (*Solo masculino*)
El Júcar allá por Cuenca
reclama un cabal retrato,
como el Ter y el Llobregat
forman familia a lo Alto,
el Segre baja del monte
y el Jalón viene nevado,
    y la Dïana del Esla,
con Benavente ahí al lado,
galante con piel de pétalos
atiende al enamorado;
    se diría un solo río
desde Gata hasta los Bares,
¿no es enorme acá en Madrid
nuestro humilde Manzanares?
    (*Coro*)
Surcan barcos fantasías

desde el Ajo hasta Tarifa,
caballero desfasado
cruza ramblas y sequías,
lanza en alto y escudero,
desnuda su valentía,
embiste al reto del tiempo,
conquista uno a uno el día,
a estepa huele el altar
cuando el héroe se arrodilla,
desde Rivas hasta El Pardo
mana un cantar a raudales,
¿no es coloso por Madrid
el arroyo Manzanares?

TELÓN

Este libro se publicó
el mes de febrero
del año 2024

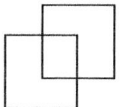